LE LONG DE L'AN

SANSONS, RIME et FIANFIOURNE de DIAN de la JEANNA

LE LONG DE L'AN

LE
LONG DE L'AN

Chansons en patois Savoyard

AVEC

LA TRADUCTION FRANÇAISE

en regard.

Dian de la Jeanna

(voyez couvert. imp.)

CHAMBÉRY
IMPRIMERIE MÉNARD, RUE JUIVERIE

1878

A mon Ami

CHARLES BURDIN

A toi ces fleurs sauvages cueillies, çà et là, dans les agrestes sentiers de notre Savoie; puissent-elles, mon bon Charles, rappeler à ton souvenir quelques-unes des heures de notre libre et insoucieuse enfance!

Quand le Pipette revindront !

I.

La bise èn rònnèn segogne
La pourta de la maison ;
Fela, fela ta cologne
Pèndènt la mourta saison.
Sèn vrié ton tor s'ènrouille
Fela le tèim passera !
Jeànna, si ton fi s'ènbrouille
Ton galant l'dévoualdera.

Refrain.

Sofla le vènt, sofla la bise !
Noutro mòrts pleuront dièn l'Eglise
    Bon !...
L' vènt et lo morts se quaigeront
Quand le pipette revindront !

II.

En tombènt la nai greseille
La groba vioule ù tison.
Vreye, vreye ta bobeille
Pèndènt la mourta saison.
De grogné l'hiver se lasse ;
Vreye, et le tèim passera ;
Jeànna, si ton fi se càsse,
Ton galant te l'apondra.

Quand les Primevères reviendront!

I.

La bise en grondant secoue
La porte de la maison ;
File, file ta quenouille
Pendant la morte saison.
Sans tourner ton tour se rouille,
File et le temps passera !...
— Jeanne, si ton fil s'embrouille,
Ton amoureux le dévidera.

Refrain.

(1) Souffle le vent, souffle la bise ;
Nos morts pleurent dans l'Eglise
    Bon !
Le vent et les morts se tairont
Quand les primevères reviendront !

II.

En tombant, la neige grésille,
La bûche chante sur les chenets ;
Tourne, tourne ta bobine
Pendant la morte saison.
De grogner l'hiver se lasse ;
Tourne et le temps passera.
— Jeanne, si ton fil se casse,
Ton amoureux l'ajoutera.

Refrain.

Blançat lo boui, blançat la paille !
Le gla péndeille à la moraille
   Bon !...
Mais paille et boui revarderont
Quand le pipette revindront.

III.

Lo grands poblo ont la grevoula
Et le cise ont de frezon ;
Roula, roula, ma roua roula,
Péndént la mourta saison.
Solual rit darnié le niolle !
Roula, et le téim passera
Zo la nat la fleur rebiolle
Mon galant me la couidra.

Refrain.

Brine l'avant, brine le sôze
Le quinson volatte à la plôze
   Bon !...
Mais l'âbro et l'aigeau santeront
Quand le pipette revindront.

Refrain.

(1) *Blanchit les buis, blanchit la paille ;*
Le glaçon pend à la muraille
Bon !
Mais paille et buis reverdiront
Quand les primevères reviendront !

III.

Les grands peupliers ont des trem- [blements
Et les haies ont des frissons ;
Roule, roule, ma roue roule
Pendant la morte saison.
Soleil rit derrière les nuages,
Roule et le temps passera.
Sous la neige, la fleur repousse,
Mon amoureux me la cueillera !

Refrain.

(1) *Bruit l'osier, bruit le saule ;*
Le pinson voltige à la pluie
Bon !
Mais l'arbre et l'oiseau chanteront
Quand les primevères reviendront !

---

(1) Idiotisme propre au patois, se traduisant par : — Que le vent souffle, que les buis blanchissent, que l'osier bruisse, etc.

Fianflourne d'Avri.

I.

L'hiver s'èn va tot ènzovri,
    L'herba rebiolle ;
On vài saudre le nâ d'avri
    Darnié le niolle.
La créta varda, lo pollets,
    Chu le morailles,
Santont l'amour èn vingt coplets
    A leu polailles.

    Le bovier crie,
    La cobla trie ;
    On val de loèn
    Dièn l'air que tônme
    Le bou que rônme
    Leva le groèn.

II.

Le soluàl de son air frequet,
    Rit dièn la plànna,
Et le brouillard roule èn floquet
    Comme de lànna.
On val lo navet zaunré
    Parmi le salle :
On derét qu'on s'èn va seyé
    On samp d'étèle.

Fredons d'Avril.

I.

L'hiver s'en va tout transi,
    L'herbe repousse ;
On voit sortir le nez d'avril
    Derrière les nuages.
La crête rajeunie, les poulets,
    Sur les murailles,
Chantent l'amour en vingt couplets
    A leurs poules.

    Le laboureur crie,
    L'attelage tire ;
    On voit de loin,
    Dans l'air qui fume,
    Le bœuf qui rumine
    Lever la tête.

II.

Le soleil, de son air coquet,
    Rit dans la plaine ;
Et le brouillard roule en flocons
    Comme de la laine.
On voit les colzas jaunir
    Parmi les seigles ;
On dirait que l'on va faucher
    Un champ d'étoiles !

Vé la revière
Le boyandière
Chu le laviu,
Totte én cadence
Mènnon la danse
De leu battiu.

III.

Mia, demaize, si te vou
　　Cori n'a vouère,
On s'ênvera rièn que no dou
　　Vé la Ravouére;
Y est le têim que l'amandrollié
　　Florai sa brance :
Allin lu fare dégrollié
　　Sa roba blance.

　　Que de violette,
　　Que de pipette
　　On và pillé !...
　　Que de novelle
　　Le z'hirandelle
　　Vont no baillé.

IV.

Mia, on sara si lo quinson
　　Dezo le size
Préparont déza de sanson
　　Pe le cerise.

Vers la rivière
Les lavandières
Sur leur lavoir,
Toutes en cadence
Mènent la danse
De leur battoir.

III.

Mie, dimanche, si tu veux
    Promener un peu,
Nous nous en irons, rien que nous deux
    Vers la Ravoire.
C'est le temps où l'amandier
    Fleurit sa branche ;
Allons lui faire égrener
    Sa robe blanche.

    Que de violettes,
    Que de primevères
    Nous allons cueillir !
    Que de nouvelles
    Les hirondelles
    Vont nous donner !

IV.

Mie, nous saurons si les pinsons,
    Dans les haies,
Préparent déjà des chansons
    Pour le temps des cerises.

On s'ênvera dièn lo viollets
　　Yeu nion ne passe
Eténdre lo ranssignolets
　　Dire leu grâce.

　　Après la corsa
　　Dechu la mossa
　　On s'étèindra.
　　Oh! qu'on vâ rire,
　　On porra dire
　　To c' qu'on vodra.

V.

Si no prèn sę de vin claret
　　Bin... sên vargogne,
On entrera ù cabaret
　　Medié d'épogne :
D'ai sai ion yeu lo z'amoéreux
　　En promenada
Bévont dièn de grands vêro creux
　　De limonâda.

　　Y est la carêma :
　　Pogne à la crèma,
　　Vin de ché sou ;
　　On pou, de pênse,
　　Sêin de dispênse
　　Médié son saoù.

Nous nous en irons dans les sentiers
Où personne ne passe
Ecouter les rossignols
Dire leurs grâces.

Après la course,
Sur la mousse
Nous nous étendrons.
Oh! qu'on va rire,
On pourra dire
Tout ce qu'on voudra !

V.

S'il nous prend soif de vin clairet,
Eh bien! sans honte,
Nous entrerons au cabaret
Manger des gâteaux :
J'en sais un où les amoureux
En promenade
Boivent dans de grands verres profonds
De la limonade.

C'est en carême :
Gâteau à la crème,
Vin de six sous ;
On peut je pense,
Sans des dispenses,
Manger son soûl.

Ah ! qu'y fà bon reval la France !...

Air des *Hirondelles* (Béranger).

I.

Lo monchù quettont leu flanelle,
Lo z'âbro ont zà leu z'habits verts ;
Dalpoé voui zors le z'hirandelle
Tapageont zo noutro coverts ;
Le diont, diên leu réjouissance :
— « Bonzor ! no cognechèvo pas ?
« Ah ! qu'y fà bon reval la France,
« Pouro z'amis, quand on vint de lé-bas ! »

II.

— Bonzor, portuze de novelles !
Que font-y delé de le mers ?
Qué t'ou qu'y diont diên le grand'velles ?
Qué t'ou qu'on vai diên lo déserts ?
Ai-vo gardà la sovenance
Du nid que vo laichez lé-bas ?
Aigeaux que reveyez la France,
D' voutro z'amours ne parlerez-vo pas ?

III.

— Làs ! l'amour s'èn est vio de belles
U pays saud pêndént l'hiver !
Tiez lo rê quand y a de querelles
Vaudrait miot niché diên l'ènfer !

Ah! qu'il fait bon revoir la France!

I.

Les messieurs quittent leurs flanelles;
Les arbres ont déjà leurs habits verts;
Depuis huit jours les hirondelles
Bavardent sous nos toits;
Elles disent dans leur contentement:
« Bonjour! ne nous-connaissez-vous pas?..
« Ah! qu'il fait bon revoir la France,
« Pauvres amis, quand on vient de là-bas!»

II.

— Bonjour! porteuses de nouvelles,
Que font-ils de l'autre côté des mers?...
Qu'est-ce qu'ils disent dans les grand'villes?
Qu'est-ce que l'on voit dans les déserts?...
Avez-vous gardé le souvenir
Du nid que vous laissez là-bas?
Oiseaux qui revoyez la France,
De vos amours ne nous parlerez-vous pas?

III.

— Las! l'amour s'en est vu de belles
Aux pays chauds pendant l'hiver!...
Chez les rois lorsqu'il y a des querelles
Il vaudrait mieux nicher dans l'enfer!

Le zor, la né, poènt d'achurance
Que son nid ne périra pas...
Ah! qu'y fâ bon reval la France,
Pouro z'amis, quand on vint de lé-bas !...

IV.

Oh! vouaî qu'on en sâ de novelles !...
Lo z'Anglais trafoulont le mers,
Lo Russe ont brûlâ le grand'velles,
Lo Turcs ont foui dièn lo déserts,
Et lo canons bourront leu panse
Pe recommènché lo combats.
Ah! qu'y fâ bon reval la France,
Pouro z'amis, quand on vint de lé-bas !...

V.

Lo Prince creusont leu sarvelle
Pe betâ le mondo à l'ènvers ;
Rièn qu'èn passènt le Dardanelle
Y no z'aguètont de travers...
Iora qu'on a l'espérience,
Tiez leu on ne tornera pas.
Ah! qu'y fâ bon reval la France,
Pouro z'amis, quand on vint de lé-bas !...

VI.

Icé, plus nion que no z'harcelle,
On fâ l'amour à décovert ;
Chu l'auberge on sante le belle,
Chu l'église on brâme on *Pater*.
Sâcon pou vivre à son aisance :
L'hommo et l'aigeau se môrgont pas!
Ah! qu'y fâ bon revivre èn France,
Pouro z'amis, quand on vint de lé-bas !

Le jour, la nuit, point d'assurance
Que son nid ne périra pas...
Ah! qu'il fait bon revoir la France,
Pauvres amis, quand on vient de là-bas!...

IV.

Oh! oui que l'on en sait des nouvelles!...
Les Anglais sillonnent les mers,
Les Russes ont brûlé les grand'villes,
Les Turcs ont fui dans les déserts,
Et les canons remplissent leur ventre
Pour recommencer les combats.
Ah! qu'il fait bon revoir la France,
Pauvres amis, quand on vient de là-bas!...

V.

Les princes se creusent la cervelle
Pour mettre le monde à l'envers ;
Rien qu'en passant les Dardanelles
Ils nous regardent de travers...
Maintenant que nous avons l'expérience,
Chez eux nous ne retournerons pas...
Ah! qu'il fait bon revoir la France,
Pauvres amis, quand on vient de là-bas!...

VI.

Ici plus personne ne nous importune,
On fait l'amour à découvert ;
Sur l'auberge nous chantons les belles,
Sur l'église nous bramons (1) un Pater !...
Chacun peut vivre à sa guise :
L'homme et l'oiseau ne se boudent pas !...
Ah! qu'il fait bon revivre en France,
Pauvres amis, quand on vient de là-bas !

---

(1) Bramer, crier ou chanter très-fort, très-haut.

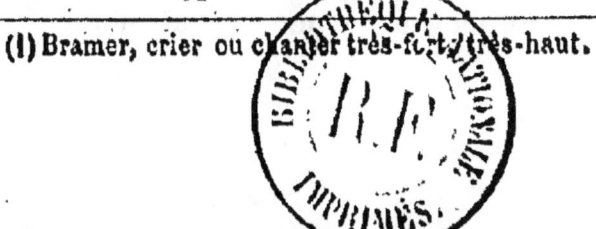

A la voüla le Sansons !

Air : *Captif au rivage du Maure* (Béranger).

I.

Mai novelet vardal le size,
L'arpépin blançai le boësson ;
Comme on puzin sort de sa crouize
Partot s'abadont le sansons,
Et dièn lo z'airs qu'elles segroûlont,
Elles s'en vont de tô lo flancs :
U printèim le sansons s'ènvoûlont
Comme on tropet de pinzons blancs.

II.

L'àbre que fà clattié la bize
A l'arba sante to sollet ;
L'atgeau que bèque le cerise
A sâque instant dit son coplet ;
U prà, yeu le bové se soûlont
On èntènd bramà de to flancs :
U printèim le sansons s'ènvoûlont
Comme on tropet de pinzons blancs.

III.

Dièn le corti le zuéne rouse
Rigeont tot èn uvral lo ju :
Chu leu le parpellion se poûse
En blaguàt comme on vrai monchu ;

A la volée les Chansons !...

I.

Mai nouvelet verdit les haies ;
L'aubépine blanchit le buisson,
Comme un poussin sort de sa coquille,
Partout se répandent les chansons ;
Et, dans les airs qu'elles secouent,
Elles s'en vont de tous les côtés :
Au printemps les chansons s'envolent
Comme une troupe de pigeons blancs.

II.

L'arbre que fait pencher la bise,
A l'aube, chante tout seul ;
L'oiseau qui becquette les cerises
A chaque instant dit son couplet ;
Au pré, où les troupeaux paissent,
On entend crier de tous côtés :
Au printemps les chansons s'envolent
Comme une troupe de pigeons blancs.

III.

Dans le jardin les nouvelles roses
Rient toutes en ouvrant les yeux,
Sur elles le papillon se pose
En hâblant comme un vrai monsieur.

U samp lo z'amoéreux trafoûlont
Tô lo viollets que vont dé flancs :
U printèim le sansons s'ênvoûlont
Comme on tropet de pinzons blancs.

IV.

Zo lo pollié que revardatchont,
Le nâ rozo comme on fallot,
Tô lo buveurs se divartatchont
Ein assadai leu zovelot ;
Vér'et boteille que grevoûlont
Font tin ! tin ! tin ! dé tô lo flancs :
U printèim le sansons s'ênvoûlont
Comme on tropet de pinzons blancs.

V.

En aguattai son tor que vire,
La Parnetta dit son sagrin :
U golata noûtron viû mire,
En miaulat, répond u refrain,
Et tote le boême que roûlont
Danchont ên se tenai lo flancs :
U printèim le sansons s'ênvoûlont
Comme on tropet de pinzons blancs.

VI.

Mais quand novèmbr' acouit le follie,
Que la terra a son grand laîchu,
Entannâ û fond de leu grôllie
Lo parpellions ne blaguont plus ;
Quand diên lo boêts que se désoûlont
Lo vênts pleuront de tô lo flancs,
Alors, noûtre sansons s'ênvoûlont
Comme on tropet de pinzons blancs.

Aux champs, les amoureux arpentent
Tous les sentiers qui vont à l'écart...
Au printemps les chansons s'envolent
Comme une troupe de pigeons blancs.

IV.

Sous la treille qui reverdit,
Le nez rouge comme un flambeau,
Tous les buveurs se divertissent
En savourant leur jovelot (1);
Verres et bouteilles qui tremblent
Font tin ! tin ! tin ! de tous les côtés :
Au printemps les chansons s'envolent
Comme une troupe de pigeons blancs.

V.

En regardant son tour qui tourne,
La Pernette dit son chagrin ;
Au galetas notre vieux chat,
En miaulant, répond au refrain,
Et toutes les bohémiennes qui vagabondent
Dansent en se tenant les flancs :
Au printemps les chansons s'envolent
Comme une troupe de pigeons blancs.

VI.

Mais quand novembre poursuit les feuilles,
Que la terre a son grand linceul,
Enterrés au fond de leur enveloppe,
Les papillons ne blaguent plus...
Quand dans les bois qui se désolent,
Les vents pleurent de tous les côtés,
Alors nos chansons s'envolent
Comme une troupe de pigeons blancs.

---

(1) Bouteille contenant un demi-litre.

Pe Rogachon.

I.

Hardi la gnâ ! copâ le size !
Y est rogachon deman matin ;
Faites péndelions de cerise,
Faites grelandes d'arbépin ;
Feilles, trenâ de marguerite ;
Vo, garçonnets, cori tô vite :
Vo cogniéchez lo bon zèindrai !
Dièn lo vardié, pe le grand'coûtes,
Allâ colli le péintecoûtes
Pe boquetâ la villie croai.

II.

La villie croai que no z'agarde
Quand on revint solet la né,
La poura croai, que tozor garde
Le recorte que sont sené !...
Betâ-lu vouêllo de dentelle
Comme on èn vai dièn le sapelle
Le zor qu'on fâ lo paradis ;
A lo folliats !..., vit' à la corsa,
Fagin de z'essallié de mossa,
De z'essallié tot-arriondis !...

Pour Rogations.

I.

Allons ! la marmaille ! coupez les haies !
C'est rogations demain matin ;
Faites pendeloques de cerises,
Faites guirlandes d'aubépin ;
Filles, tressez des marguerites ;
Vous, petits garçons, courez tous vite,
Vous connaissez les bons endroits !
Dans les vergers, par les grandes côtes,
Allez cueillir les pentecôtes (1)
Pour fleurir la vieille croix !

II.

La vieille croix qui nous regarde
Quand on revient seul la nuit,
La pauvre croix qui toujours garde
Les récoltes qui sont semées !...
Mettez-lui voile de dentelles
Comme on en voit dans les chapelles
Le jour où l'on fait les paradis ;
Aux rameaux !... vite à la course,
Faisons des escaliers de mousse,
Des escaliers tout arrondis !...

---

(1) Petites fleurs ressemblant aux primevères.

III.

Fleurs de savù et roùse èn sâva
Sont mal que robans de satin :
Noutra croai sara la pe brâva
Qu'y vont bèni deman matin !...
Quand l'èncorâ, zo se bànnières,
Quand le portuze de lomières
Bràm'ront : *Propitius esto !*
Dièn lo z'airs qu'on varrà traluire
On èntèndra le bon Dio dire :
« Si forchâ d'èmpli leu sartot !... »

III.

Fleurs de sureau et roses en sève
Valent mieux que rubans de satin :
Notre croix sera la plus belle
Qu'ils vont bénir demain matin !
Quand le curé, sous ses bannières,
Quand les porteuses de lumières
Chanteront : Propitius esto !
Dans les airs qu'on verra reluire
On entendra le bon Dieu dire :
— «Je suis forcé de remplir leurs celliers!...»

Le darnié zor de Mèsson.

Air: *Ten souviens-tu, disait un capitaine.*

I.

Zou ! lo z'àifants, l'arba drèche la créta,
On vât blanci la cruâi du Nivolet;
Oncor on zor et la mèsson est fatta...
Lo blâs, pe chur, n'èntreront pas solet;
Vite èn corrènt faùt medlô n'a crousteille,
On ne dâi pas s'èngoulié de farçon;
La gréla vint dièn le tèim qu'on babeille,
Hardi, z'àifants, faut saùvà la mèsson.

II.

Laché lo boùs, lo sarrets sont to presto,
Betâ dechu courdes, forçons, râté,
Le tèim s'èmbroùille, y s'agit d'ètre lesto,
Le niolle vont chur du mauvé coûté
A l'ouvr', à l'ouvre, allin, le zuéne feille,
Faut pas tozor aganié lo garçons :
La gréla vint dièn le tèim qu'on babeille,
Hardi, z'àifants, faut saùvà le mèssons.

III.

Vite à le zerbe, apportâ le zovelle,
Chò bon soluâi no baille on coùp de man :
Lo sars sont plèins, faut sarrâ le tavelle,
To-t-à loèzi vo blagueri deman,

Le dernier jour de moisson.

I.

Debout les enfants ! l'aube dresse la crête,
On voit blanchir la croix du Nivolet ;
Encore un jour et la moisson est faite :
Les blés pour sûr n'entreront pas seuls.
Vite en courant, il faut manger une croustille,
On ne doit pas s'empiffrer de façon ;
La grêle vient pendant que l'on babille,
Allons, enfants ! il faut sauver la moisson !

II.

Attelez les bœufs, les chariots sont tout prêts ;
Mettez dessus cordes, fourche, râteau...
Le temps se brouille, il s'agit d'être leste :
Les nuages vont sûr du mauvais côté.
A l'ouvrage ! à l'ouvrage ! Allons les jeunes filles !
Il ne faut pas toujours agacer les garçons...
La grêle vient pendant que l'on babille,
Allons, enfants ! il faut sauver les moissons !

III.

Vite aux gerbes ! apportez les javelles,
Ce bon soleil nous donne un coup de main ;
Les chars sont pleins, il faut serrer les tavelles(1)
Tout à loisir vous bavarderez demain...

---

(1) Billes en bois servant à serrer les cordes qui retiennent les gerbes.

On y sâ bin que voutra léngua greille,
Mais pe la né gardâ voutre sansons ;
La gréla vint diên le télm qu'on babeille,
Hardi, z'âifants, faut saûvâ le méssons,

IV.

Dozo la sapa on dréchera la tâbla,
On voûèdera le pe grand d'lo barrâ,
D'ai vingt botollié êntânna diên la sabla,
C'ta né, z'âifants, no faût le détarrâ !
Poué pe danché, si la sâmba fremeille,
On là vreyé jusqu'à noutra Françon :
Mais le zor court diên le télm qu'on babeille,
Hardi, z'âifants, faut saûvâ la mésson !

On le sait bien que votre langue grille,
Mais pour le soir gardez vos chansons :
La grêle vient pendant que l'on babille,
Allons, enfants, il faut sauver les moissons !

IV.

Sous le hangar on dressera la table,
On videra le plus grand des barils ;
J'ai vingt bouteilles enfouies dans le sable,
Ce soir, enfants, il nous faut les déterrer.
Puis pour danser, si la jambe fourmille,
On fait tourner jusqu'à notre Françon :
Mais le jour court pendant que l'on babille,
Allons, enfants, il faut sauver la moisson !

Allin groulâ lo z'alognié!

I.

Lo z'amouéreux sont dién la graisse,
Véca la Saint-Bartholomié :
Zuéno gallants, zuéne maitresse,
S'én vont blonda (1) zo lo pommié ;
En bequant le moeure à le size
On a le téim de s'aganié...
N'y a ple ni prònme ni cerise,
Mia, pe rêmpli ton panié,
Allin groula lo z'alonié !

II.

On prendra le viollet qu'arrive
U fond de lo boé le darnié ;
En bavardant, ou merle ou grive,
Chu lui porront no rénsenié.
A préndre le rotte pe lonze
Lo z'amouéreux n'ont qu'à gagnié.
Chutot quand le viorze et le ronze
Avoué leu vollon chicanié...
Allin groulâ lo z'alognié !

III.

Pêndént que le soluâi revire
Son sarret vé le mont Granié
On a bin dué z'heures pe rire,
Mia, parqué le z'épargnié ?

---

(1) *Blonda* — patois des cantons de Montmélian, de la Rochette, etc. *(Courtiser la blonde.)*

Allons secouer les noisetiers!

I.

Les amoureux sont dans la graisse (dans la joie),
Voici venir la Saint-Barthélemy :
Jeunes galants, jeunes maîtresses (amoureuses)
S'en vont coqueter sous les pommiers ;
En becquetant les mûres à la hâte
On a le temps de s'agacer...
Il n'y a plus ni prunes, ni cerises,
Mie, pour remplir ton panier,
Allons secouer les noisetiers !

II.

Nous prendrons le sentier qui arrive
Au fond des bois le dernier ;
En bavardant, ou merle ou grive,
Sur lui pourront nous renseigner.
A prendre les routes plus longues
Les amoureux n'ont qu'à gagner,
Surtout quand les chèvrefeuilles et les ronces
Avec eux veulent chicaner...
Allons secouer les noisetiers !

III.

Pendant que le soleil retourne
Son char vers le mont Granier
On a bien deux heures pour rire,
Mie, pourquoi les épargner ?

Sèn souci comme le cegâles
Que lronnont chù lo çatagnié,
Pissque le bon Dio no regâle,
Que l'amour est le cosenier,
Allin groulâ lo z'alognié !

IV.

Pe chur on n'a qu'on tèim z'à vivre;
La mort va moèn plan qu'on ânié.
L'amour s'encourt, faut le porsuivre,
A què sert de le reçagnié ?
Lo z'ans viront comm' ona moùla ;
Lo cœurs se limont lo promié,
Miette, pe mettre à la voula
Lo bégé que sont prèsonnié,
Allin groulâ lo z'alognié !

Sans souci comme les cigales
Qui bourdonnent sur les châtaigniers,
Puisque le bon Dieu nous régale,
Que l'amour est le cuisinier,
Allons secouer les noisetiers !

IV.

Pour sûr on n'a qu'un temps à vivre ;
La mort va moins lentement qu'un ânier.
L'amour s'enfuit, faut le poursuivre ;
A quoi sert-il de rechigner ?
Les ans tournent comme une meule ;
Les cœurs se liment les premiers.
Mies, pour mettre à la volée
Les baisers qui sont prisonniers,
Allons secouer les noisetiers !

La Sanson de lo z'Ecoju.

Musique de monsieur Jean Ritz, d'Annecy.

Refrain.

Tapa, tapa, tapa dur!
Le gran reste pe la paille
Et lo rats, dien la moraille,
Se létiont dézà pe chûr ;
Tapa, tapa, tapa dur !...

I.

La cobla roûle,
L'éffléfau voûle,
Tot est brijà,
La pila avanche,
Sâqu'épi danche
La maléjà.
Pan pan pan, pan pan pan, pan pan pan !
Ta face est bletta,
Ta boce est setta,
Tapa tozor,
Poura gadagne,
Pissque te gagne
Vingt sous pe zor.

Refrain.

Tapa, tapa, tapa dur ! etc.

II.

La granze est pléna
D'uerze et d'avéna,

La Chanson des Batteurs en grange.

REFRAIN.

Tape, tape, tape dur ! (fort)
Le grain reste parmi la paille
Et les rats, dans la muraille,
Se lèchent déjà, pour sûr ;
Tape, tape, tape dur !

I.

La troupe tourne,
Le fléau vole,
Tout est brisé ;
La tâche avance,
Chaque épi danse
La malaisée.
Pan pan pan, pan pan pan, pan pan pan.
Ta face est mouillée,
Ta bouche est sèche,
Tape toujours,
Pauvre bêtâ,
Puisque tu gagnes
Vingt sous par jour !...

REFRAIN.

Tape, tape, tape dur ! etc.

II.

La grange est pleine
D'orge et d'avoine,

Tapa lamèn !
Faut se secourre,
Pe tot écourre
Noutron fromènt.
Pan pan pan, pan pan pan, pan pan pan.
Le gran s'amouelle,
On le râtelle,
A plèns lônchus
Faut qu'saye dinse,
P'payé le cênse
De lo monchus.

REFRAIN.

Tapa, tapa, tapa dur !... etc.

III.

L' maîtr'a le rioute,
L' larmié le croule,
Rien n'est pardu,
P'le dènts postiches
Faut que de miches,
Bièn èntèndu !
Pan pan pan, pan pan pan, pan pan pan.
Ce qu'y faut débattre,
C'qu'y faut combattre,
Cèn là trèmblà ;
Faut pas moèn vèndre
Ou léché prèndre,
La fleur du blà !

REFRAIN.

Tapa, tapa, tapa dur !.. etc.

Frappe seulement !
Il faut se secouer,
Pour tout battre
Notre froment.
Pan pan pan, pan pan pan, pan pan pan.
Le grain s'amoncelle,
On le ratelle
A pleins draps ;
Il faut qu'il en soit ainsi
Pour payer les fermages
Des messieurs.

Refrain.

Tape, tape, tape dur ! etc.

III.

Le maître a les rioutes (gâteaux au beurre),
Le fermier les croûtes,
Rien n'est perdu ;
Pour les dents postiches
Il ne faut que des miches,
Bien entendu !
Pan pan pan, pan pan pan, pan pan pan.
Ce qu'il faut se débattre (s'agiter),
Ce qu'il faut combattre,
Cela fait trembler !..
On n'en doit pas moins vendre
Ou laisser prendre
La fleur du blé !

Refrain.

Tape, tape, tape dur ! etc.

La vôgua de tié no.

REFRAIN.

Ban ! ban ! ban ! le clôsse sônnont
Pe la Sâint-Bartholomié,
Zon ! zon ! zon ! lo vioûlons rônnont
Lé-bàs zo le groù pommié ;
On vâi chù totte le rotte
Monde à pied, sevaù que trotte,
On s'abade de partot,
Sèmble 'na vré senagôgua,
Y est la vôgua, vôgua, vôgua,
Y est la vôgua de tié no !

I.

Déza dèpoué la matin
Le feille èn biaù casaquin,
Lo garçons òn grand paltôt,
A l'église corriont tôt :
Messe, vépr' et porcechon
Du bon Dio sont la porchon ;
L'èncorà et son bedeaù
Santont Glôria ! Crédô !
Pe pas restà èn arrié
D'aùtres bràmont Kyrié ! ;
Poué quand l'ôfiche est fini,
En mediàn son pan beni,
Sàque père avoué sa gnà
Vire du flanc du denià !..

La vogue de chez nous!

REFRAIN.

Ban ! ban ! ban ! les cloches sonnent
Pour la Saint-Barthélemy ;
Zon ! zon ! zon ! les violons résonnent
Là-bas sous le gros pommier ;
On voit sur toutes les routes
Gens à pied, cheval qui trotte ;
Il en sort de partout ;
Cela semble une vraie synagogue,
C'est la vogue, vogue, vogue,
C'est la vogue de chez nous !

I.

Déjà depuis le matin
Les filles, en beau casaquin,
Les garçons en grand paletot,
A l'église courent tous :
Messe, vêpres et procession
Du bon Dieu sont la portion ;
Le curé et son bedeau
Chantent Gloria, Credo !
Pour ne pas rester en arrière
D'autres crient Kyrie !
Puis, quand l'office est fini,
En mangeant son pain bénit,
Chaque père avec ses enfants
Tourne du côté du dîner.

REFRAIN.

Ban ! ban ! ban ! le clòsse sònnont
Pe la Saint-Bartholomié,
Zon ! zon ! zon ! lo vioulons rònnont
Lé-bàs zo le grou pommié,
Dièn tô lo coins on frecotte,
Pe preparà le ribotte
On sôfle le fouà partot ;
Sèmble 'na vrè senagógua,
Y est la vògua, vògua, vògua,
Y est la vògua de tié nô.

II.

A l'èntor se fà sènti
'Na bonn' odeur de rûti,
Lo grous catiòs de salà ;
Vont se trovà du gàlà ;
Pe lo goutà sèn façons,
On laiche étà lo larçons ;
Y est de vià que ne dài pàs
Paràitre dièn lo repas !
Pàtié, bolette et ràgots
Sont de ple reço fricots,
Que lo zors de fèt' on sert
Dièn de z'achét' à dessert,
Pe ple de cevellità,
A rlo qu'on a envità.

REFRAIN.

Ban ! ban ! ban ! le clòsse sònnont
Pe la Saint-Bartholomié ;
Zon ! zon ! zon ! lo vioulons rònnont
Lé-bàs zo le grou pommié.

Refrain.

Ban! ban! ban! les cloches sonnent
Pour la Saint-Barthélemy;
Zon! zon! zon! les violons résonnent,
Là-bas sous le gros pommier:
Dans tous les coins on fricote,
Pour préparer les ribotes
On souffle le feu partout,
Cela semble une vraie synagogue;
C'est la vogue, vogue, vogue,
C'est la vogue de chez nous!

II.

Aux alentours se fait sentir
Une bonne odeur de rôti;
Les gros morceaux de salé
Vont se trouver du gala,
Pour les dîners sans façons,
On laisse être les farçons (1);
Ce sont des aliments qui ne doivent pas
Paraître dans un repas (festin);
Pâté, boulettes et ragoûts
Sont de plus riches mets
Que les jours de fête on sert
Dans des assiettes à dessert,
Pour plus de civilité (politesse),
A ceux que l'on a invité.

Refrain.

Ban! ban! ban! les cloches sonnent
Pour la Saint Barthélemy;
Zon! zon! zon! les violons résonnent
Là-bas sous le gros pommier.

---

(1) Tournure de phrase intraduisible en français, n'ayant d'équivalent que dans le « lascia stare » italien.

Farçon : Mets composé de pommes de terre pétries avec de l'huile et du lard.

Pèndènt qu'on se ravigotte,
Dancheurs, gréchez voutre botte
Vint de teilles de partòt ;
Sèmble 'na vré senagògua,
Y est la vògua, vògua, vògua,
Y est la vògua de tlé no.

III.

Tot le monde èn fromegé
Va, vint, crie à plèn gogé ;
N'y a pàs fon que sar' nombrà
Tot ce que vire dièn chò prà :
Viourne, piourne, allant, seblet,
Sàcon vou dire on coplet ;
Comme d'àveille ù mé d'avri,
Lo moèn grous font mé de bri.
Chu 'na bosse défoncha :
Le violonère est placha ;
Dou fiffre et quatre tambor
Font leu sabbat tot u tor ;
Dièn lo z'airs on n'èntènd plus
Que pan ! pan ! turlututu !

REFRAIN.

Ban ! ban ! ban ! le clòsse sònnont
Pe la Saint-Bartholomié ;
Zon ! zon ! zon ! lo vioûlons rònnont
Lé-bàs zo le grou pommié.
Marçands de bierr' et de gotte
Croâi, sapé, quetiaux, culotte,
Vo z'apélont de partot ;
Sèmble 'na vré senagògua ;
Y est la vògua, vògua, vògua,
Y est la vògua de tlé no !

Pendant qu'on se ravigote,
Danseurs, graissez vos bottes,
Il vient des filles de partout ;
Cela semble une vraie synagogue,
C'est la vogue, vogue, vogue,
C'est la vogue de chez nous !

III.

Tout le monde, en fourmilière,
Va, vient, crie à plein gosier ;
Il n'y a pas un qui saurait nombrer (1)
Tout ce qui tourne dans ce pré :
Viole, cornet, enfant, sifflet,
Chacun veut dire un couplet.
Comme des abeilles au mois d'avril,
Les moins gros font plus de bruit.
Sur un tonneau défoncé
Le violoneux est placé ;
Deux fifres et quatre tambours
Font leur sabbat tout autour ;
Dans les airs on n'entend plus
Que pan, pan, turlututu !

Refrain.

Ban ! ban ! ban ! les cloches sonnent
Pour la Saint-Barthélemy ;
Zon ! zon ! zon ! les violons résonnent
Là-bas sous le gros pommier.
Marchands de bière et de liqueurs,
Croix, chapeaux, couteaux, culottes,
Vous appellent de partout ;
Cela semble une vraie synagogue ;
C'est la vogue, vogue, vogue,
C'est la vogue de chez nous !

---

(1) Nul ne saurait nombrer.

IV.

N' tra vôgua vaut ç' ti an !
Mé que totte ç'lé de Myans,
Mé que ç'la qu'y diont 'na fé
Qu'a voliû vài noutron ré !
On a bio plus de tarras,
On a fé plus d'èmbarras
Que diên leu sarivaris
N'èn font le zèns de Paris...
Sèn blaguâ, on pou lamèn,
No fâre de complimèn,
Pissqu' après to chô gâlâ
Nion n'a poju s'èn allâ
Qu'à la miné moën le quárt
Sèn sapé et sèn solards !...

Refrain.

Ban ! ban ! ban ! le zor se lève,
Adio saint Bartholomié !
Zon ! zon ! zon ! le vioûlon rève
En dremènt zo le pommié
Diên l'auberge et le gargotte,
N'y-a restâ que le carotte,
Deman y est maigre partot,
Mé de fon bérà 'na drôgua
P'être venu à la vôgua
A la vôgua de tié no.

IV.

Notre vogue vaut cette année
Plus que toutes celles de Myans,
Plus que celle que, dit-on, une fois
A voulu voir notre roi! (1)
On a bu plus de tarras, (2)
On a fait plus d'embarras
Que dans leurs charivaris
N'en font les gens de Paris...
Sans blaguer, on peut seulement
Nous faire des compliments,
Puisqu'après tout ce gala
Personne n'a pu s'en aller
Qu'à minuit, moins le quart,
Sans chapeau et sans souliers!

Refrain.

Ban! ban! ban! le jour se lève.
Adieu saint Barthélemy!
Zon! zon! zon! le violon rêve
Là-bas sous le gros pommier...
Dans l'auberge et les gargottes
Il ne reste que les carottes;
Demain c'est maigre partout,
Plus d'un boira une drogue
Pour être venu à la vogue,
A la vogue de chez nous!

---

(1) L'histoire locale raconte que le roi Charles-Félix, lors de l'un de ses voyages en Savoie, se rendit à la vogue de Bassens, dite de Saint-Barthélemy.

(2) Pot de terre servant à contenir le vin.

La Vedenze.

Air : Allons, chasseur, vite en campagne (Béranger).

I.

U velazo y est zor de tèta ;
On entend depoué la matin
Tin tin, tin tin, tin taine, tin tin.
Lo grous bous que branlont la tèta
En menènt le sar u z'hutins,
Tin tin, tin tin, tin taine, tin tin.

II.

Feille et garçon, sàcon s'amàsse,
Portu de zerle et d' seillotin,
Tin tin, tin tin, tin taine, tin tin.
La cobla èn rejènt dépàsse
Le bovier qu'est on pou lambin,
Tin tin, tin tin, tin taine, tin tin.

III.

A lo brandiò ! al' vi corrières !
Vito, décapà lo raisins !
Tin tin, tin tin, tin taine, tin tin.
On èmbrachera le promières
Que rempliront leu pagnotins,
Tin tin, tin tin, tin taine, tin tin.

La Vendange.

I.

Au village c'est jour de fête :
On entend depuis le matin,
....
Les gros bœufs qui branlent la tête
En menant le char aux hutins (1).
....

II.

Fille et garçon, chacun se réunit
Porteur de gerle et de petits seaux ;
....
La troupe, en riant, dépasse
Le bouvier qui est un peu lambin...
....

III.

Aux pampres ! aux ceps coureurs !
Vite, décrochez les raisins !
....
On embrassera les premières
Qui rempliront leurs petits paniers.
....

---

(1) Vignes hautes.

IV.

I faut suézi le crappe sànne
Pe le médié l'hivèr que vint,
Tin tin, tin tin, tin taine, tin tin.
Hardi lo p'tious ! colli le grànne,
Y est cèn que fà le melieu vin,
Tin tin, tin tin, tin taine, tin tin,

V.

Et vo, santeurs et santerelle,
Recommènchez voutron refrain :
Tin tin, tin tin, tin taine, tin tin.
Quand on èn sà de ribambelle,
Faut pas l' gardà èn magasin,
Tin tin, tin tin, tin taine, tin tin.

VI.

Ma fé, n'y est pas p' s'èn fàre gloére,
On sara pas Monchù cambin,
Tin tin, tin tin, tin taine, tin tin.
Mais chò zor no paye 'na vouére
Cèn que coûte saque provin,
Tin tin, tin tin, tin taine, tin tin.

VII.

Véca déza quatre coluire,
Et la cintième est èn semin...
Tin tin, tin tin, tin taine, tin tin,
A la Jeànn' i faut mandà dire
De prepará so frecotins,
Tin tin, tin tin, tin taine, tin tin.

IV.

*Il faut choisir les grappes saines
Pour les manger l'hiver prochain,*
....
*Allons, les petits ! ramassez les graines,
C'est ce qui fait le meilleur vin.*
....

V.

*Et vous, chanteurs et chanteuses,
Recommencez vos refrains :*
....
*Quand on en sait des ribambelles,
Il ne faut pas les garder en magasin...*
....

VI.

*Ma foi ! ce n'est pas pour s'en faire gloire,
On ne sera pas Monsieur quand même,*
....
*Mais ce jour nous paye un peu
Ce que coûte chaque provin...*
....

VII.

*Voilà déjà quatre cuviers,
Et le cinquième est en chemin.*
....
*A la Jeanne il faut envoyer dire
De préparer ses fricots.*
....

VIII.

On farçon grou comm' ona couarda,
Trâi plats de tartifile én gratin,
Tin tin, tin tin, tin taine, tin tin.
De bognett' à la savoyarda,
Cèn vaut-ou pàs de biscotin ?
Tin tin, tin tin, tin taine, tin tin.

IX.

En riond zo lo z'àbro on s'achéte ;
L'herba sarvira de cossin,
Tin tin, tin tin, tin taine, tin tin.
De fôllie faront le z'achéte,
Pe verre on a le picotin,
Tin tin, tin tin, tin taine, tin tin.

X.

Hardi, z'aflants ! l'ordon s'avanche :
A mizor on én vài la fin,
Tin tin, tin tin, tin taine, tin tin.
Mais y est lamèn ç'ta né qu'on danche
Pe digeri noutron festin !
Tin tin, tin tin, tin taine, tin tin.

VIII.

Un farçon gros comme une courge,
Trois plats de pommes de terre en gratin,
....
Des beignets à la savoyarde,
Cela ne vaut-il pas du biscotin ?...
....

IX.

En rond sous les arbres on s'assied ;
L'herbe servira de coussin,
....
Des feuilles feront les assiettes,
Pour verre on a le picotin,... (petit pot de terre)
....

X.

Allons, enfants ! l'ordon (1) *s'avance ;*
A midi on en verra la fin,
....
Mais c'est seulement ce soir qu'on danse,
Pour digérer notre festin !
....

---

(1) Partie du vignoble que la troupe des vendangeurs a devant elle.

Lo Gremaillù.

I.

Tié no la bise én pòste arrive,
Le fòllie en riond danchont dién l'air,
Chù lo sapins le poùre grive
Sùblont la sanson de l'hiver;
Le long du fouà sacon s'allonze,
Le zor, pe se reçarfà miù;
Mais p'accorci le né tròp lonze,
Feilles, aprestà voutro cruéjù.
Veca veni lo gremaillù !

II.

Eguà lo bancs, cloutrà le tables,
Y vint dué coblé de garçons
Rio de d'amò sont décevàbles,
Rio de d'avà sont sén façons;
Lo biaux brunets, le bràves blondes
Vont se baillé de coups de jù,
Sén fare tròp blaguà le monde ;
Feilles, aprestà voutro cruéjù,
Veca veni lo gremaillù !

III.

Y vont contà, p' no fàre rire,
Le villie rime d'autrefé;
Le grou Colas sà si bién dire :
— « Tié no, z'aifants, y avài 'na fé... » —

Les Noilleurs. (1)

I.

Chez nous la bise en poste arrive,
Les feuilles, en rond, dansent dans l'air ;
Sur les sapins les pauvres grives
Sifflent la chanson de l'hiver ;
Le long du feu chacun s'étend,
Le jour, pour se réchauffer mieux ;
Mais pour raccourcir les nuits trop longues,
Filles, apprêtez vos lampes,
Voici venir les noilleurs.

II.

Arrangez les bancs, clouez les tables ;
Il vient deux troupes de garçons :
Ceux d'en-haut sont désagréables,
Ceux d'en bas sont sans façons ;
Les beaux brunets, les jolies blondes
Vont se donner des coups d' yeux (œillades),
Sans trop faire parler le monde ;
Filles, apprêtez vos lampes,
Voici venir les noilleurs.

III.

Ils vont conter, pour nous faire rire,
Les vieilles histoires d'autrefois.
Le gros Nicolas sait si bien dire :
— « Chez nous, enfants, il y avait une fois. » —

---

(1) Casseurs et mondeurs de noix.

On va santâ sansons de guerra,
Ç'la du seudard qu'est revenu.
Dihors la nè blançâi la terra ;
Feilles, allomâ voutro cruéju,
Veca veni lo gremaillù.

IV.

Fadrà se distinguâ 'na vouére,
Pe lo z'y fâre collachon ;
Pomme et tartiffle qu'on fâ couére
Font za la plus groussa rachon,
On brezolera le sàtagne.
On triera le vin borrù,
Le fricot à plêne cavagne,
Et le vin à plên z'arrojù,
Pe contentâ lo gremaillù.

V.

Y est 'n'ôcageon que se repète
Jamais qu'ona fé tô lo z'ans.
Y n'y a pas déza tant de fête,
Dièn la maison d' lo paysans.
A force de rire et de bére,
On se prendra pe de monchù,
Pe pogeâi vo z'y fâre accrêre,
Feilles, amortâ voutro cruéju.....
Quand môderont lo gremaillù.

On va chanter chansons de guerre,
Celle du soldat qui est revenu.
Dehors la neige blanchit la terre.
Filles, allumez vos lampes,
Voici venir les noilleurs.

IV.

Il faudra se distinguer un peu
Pour leur faire une collation ;
Pommes et pommes de terre qu'on fait cuire
Font déjà la plus grosse ration ;
On fera rôtir des châtaignes,
On tirera du vin bourru (vin blanc nou-
Les mets à pleines corbeilles,   (veau) ;
Le vin à pleins arrosoirs
Pour contenter les noilleurs.

V.

C'est une occasion qui ne se répète
Jamais qu'une fois tous les ans ;
Il n'y a pas déjà tant de fêtes
Dans la maison des paysans !...
A force de rire et de boire
Nous nous prendrons pour des messieurs ;
Afin de pouvoir vous le faire croire,
Filles, éteignez vos lampes
Quand partiront les noilleurs.

La Noyé.

I.

L'hiver est sorti de sa tánna,
Lo z'âbro sont tot' ènzovri,
Fenn', y faut felà voutra lànna
Pe b'tà noutre sambe à l'abri.
Y est le tèim yeù galants que roùlont
Risquont de s'éclapà le nà ;
Le tèim yeù le lèngue s'amoùlont
U boueu, tota la vèprenà.

II.

Vaica Noyé : — chù le coùlière
Y fara beau se sarotà ;
Vaica Noyé : — le cozenière
Aron bon tèim pe frecotà.
Décrotié lo diòs, le zanzoùle,
Copà de z'aunes de bodins ;
Hardi ! freçachez le rezoùle
Pèndènt qu'on triera le vin.

III.

Y no faùt défonché le bôsse,
Fàre renonché lo tarrà ;
Y faùt no z'èngoùlié de sauce
Pèdènt qu' le vèntro n'èn tèndra.

La Noël.

I.

L'hiver est sorti de sa tannière,
Les arbres sont tout engivrés (cou-
  [verts de givre).
Femmes, il faut filer votre laine
Pour mettre nos jambes à l'abri.
C'est le temps où galant qui rôde
Risque de se casser le nez,
Le temps où les langues s'aiguisent
A l'écurie, toute la soirée.

II.

Voici Noël : — sur les glissoires
Il fera bon patiner ;
Voici Noël : — les cuisinières
Auront bon temps pour tricoter (cuisiner).
Décrochez les saucisses, les andouilles,
Coupez des aunes de boudins ;
Allons ! fricassez les rissolles
Pendant que nous tirerons le vin.

III.

Il nous faut défoncer les tonneaux,
Faire renoncer les brocs ;
Il faut nous bourrer de sauces
Pendant que le ventre en pourra contenir ;

On n'a pas tozor de qué îrire,
Lo diòs n'ont poué qu'ona saison !
On a bin miù le têlm de rire
Iora que pe fosserézon.

IV.

Comme on en vå seché de litro
En blaguênt, sâcon, noutro boùs !
Comme on fara brinå lo vitro
A force de santå trop groù !
U dessert on prêndrå d'àlognes
Sên s'ênquiétå de guére n'y a ;
On fara payé le z'épognes
A chò qu' và perdre à Gangagniå.

V.

Pissqu'on a fini noùtre zoùvre
Et que le cênse sont payé,
Chù le tê y poùt nèvre ou ploùvre
Sên qu'on pensèze à s'ênnoyé.
Le bon Dio que rêmpli le zerles
Så preu cên qu'y få tó lo z'ans...
A Pâque y få santå lo merles,
A la Noyé lo paysans !...

On n'a pas toujours de quoi frire,
Les saucisses n'ont puis qu'une saison !
On a bien plus le temps de rire
Maintenant qu'au temps où l'on pioche
      [*les vignes.*

IV.

Comme nous allons en vider des litres
En vantant, chacun, nos bœufs !
Comme on va faire bruire les vitres
A force de chanter trop fort !
Au dessert nous prendrons des noisettes
Sans nous inquiéter de combien il y en a ;
On fera payer les gâteaux
A celui qui va perdre à Gangagnia (1).

V.

Puisqu'on a fini nos ouvrages
Et que les censes sont payées,
Sur le toit il peut neiger ou pleuvoir
Sans qu'on pense à s'ennuyer.
Le bon Dieu qui remplit les gerles
Sait bien ce qu'il fait tous les ans :
A Pâques il fait chanter les merles,
A la Noël les paysans !

---

(1) Jeu qui consiste à faire deviner combien l'on a de noisettes dans la main.

A lo quinçons de Provênce.

I.

Bonzor, lo quinçons provênços !
Pe vo contâ se z'ariettes
Vaica veni u pays sauds
Le frâre de le z'aluëttes ;
Le sansons de noutra Savoé
Comme le voùtre ont de z'âles
Tié no l' solual ressarfe avoé
Le vi, yeù frònnont le cegâles.

II.

Chu voutron nid l'olivié crâl ;
Vo z'ai ciel blu, terra de brâza,
Mais pe baillé sàcon son drâi,
L' bon Dio tin tozor la man râza ;
Le pan nair de noutra Savoé
Comme le voùtro no regâle ;
Tié no l' solual rozeye avoé
Le vi, yeù frònnont le cegâles.

III.

Vo santâ le fleurs, le printèim,
L'amour, chò mot qu'y fâ bon craire ;
Le travâ que no fâ contèin,
Le vin que remplé lo grand verre ;

Aux Pinsons de Provence.

A LA SOCIÉTÉ DE LA CIGALE.

I.

Bonjour, les pinsons provençaux !
Pour vous conter ses ariettes,
Voici venir aux pays chauds
Le frère des alouettes :
Les chansons de notre Savoie,
Comme les vôtres, ont des ailes ;
Chez nous, le soleil réchauffe aussi
Les ceps où bourdonnent les cigales.

II.

Sur votre nid l'olivier croit ;
Vous avez ciel bleu, terre de braise,
Mais pour donner à chacun sa part,
Le bon Dieu a toujours la main pleine.
Le pain noir de notre Savoie,
Comme le vôtre, nous régale ;
Chez nous le soleil rougit aussi
Les ceps où bourdonnent les cigales.

III.

Vous chantez les fleurs, le printemps,
L'amour, ce mot qu'il fait bon croire !
Le travail qui nous fait contents,
Le vin qui remplit les grands verres ;

Lo rossats de noutra Savoé
Comme le coûtes provençâles,
Retônnont de la méma voé
De flanflourneurs et de cegâles.

IV.

Tié no si vo veni 'na fâi,
Quinçons, d'èn gardo l'espérance,
Vo varrai qu'icé, chu ma fé,
On sante et on bàt comm'èn France !
Alors, vo porrai dire avoé,
Cambin sovènt l'hiver y zâle :
« Fà si bon vivre èn leu Savoé
« Qu'u pays de noutre cegâles ! »

Les rochers de notre Savoie,
Comme les côtes provençales,
Retentissent des mêmes voix,
De fredonneurs et de cigales.

IV.

Chez nous, si vous venez une fois,
Pinsons, j'en garde l'espérance,
Vous verrez qu'ici, sur ma foi,
On chante et l'on boit comme en France !
Alors vous pourrez dire aussi :
« Malgré que souvent l'hiver il gèle,
« Il fait aussi bon vivre en leur Savoie
« Qu'au pays de nos cigales ! »

La rima du Sarvant.

Air : *Cadet Roussel !*

I.

Daitte, mâre, cout-t-ou que và
Tote le né dièn la bovà,
Cambin la pourta a 'na saraille,
Breudà le lèin parmi la paille
Qu'on trouve presto èn se levant ?...
— Rose, y dài être le sarvant.

II.

Daitte, mâre, la somenà
Cout-t-ou que vint la ramonà
Avoé se grippe, avoé se z'àle,
Quand l'hiver chu le rote y zàle ?
Sèmble qu'on l'èntèn èn rèvant !
— Rose, y dài être le sarvant.

III.

Mâre, cuot-t-ou, dien la taillà,
Que là brinà tò lo iolllà,
To comme de vitro d'èglise,
Sài qu'on sèntièze poèn de bise
Ni pe darnlè, ni pe devant ?...
— Rose, y dài être le sarvant.

La rime du Servant. (1)

I.

Dites, mère, qui est-ce qui va
Toutes les nuits dans l'écurie,
Malgré que la porte ait une serrure,
Mélanger le foin avec la paille
Qu'on trouve prêts en se levant ?...
— Rose, ce doit être le servant.

II.

Dites, mère, la cheminée
Qui est-ce qui vient la ramoner
Avec ses griffes, avec ses ailes,
Quand l'hiver sur les routes il gèle ?
On dirait qu'on l'entend en rêvant !
— Rose, ce doit être le servant.

III.

Mère, qui est-ce, dans le taillis,
Qui fait bruire tous les feuillages,
Comme des vitraux d'église,
Sans qu'on sente point de bise
Ni par derrière, ni par devant...
— Rose, ce doit être le servant.

---

(1) Esprit follet, lutin familier. On répand des grains de millet au lieu de ses apparitions les plus fréquentes, il s'occupe à les recueillir et laisse ainsi en paix ceux qu'il tourmente d'habitude.

IV.

Coui-t-ou qu'allòmme ç'lo faret
Qu'on vâi la né dièn lo tarrêt,
D'abord que s'agòte la plôze,
Zoyé à Porri zo le sôze
Ou bin danché chu lo z'avant ?
— Rose, y sara preu le sarvant !

V.

Quand la lona èn l'air tralui,
Mâre, sare-t-ou onco lui
Que dièn l'âbro qu'a 'na goletta
Rit, quand lo nòtt' ou la sevetta
Font l'amour avoé le sav-hant ?
— Vouai, Rose, y sara le sarvant.

VI.

« U boeu, û prâ, dièn le violet,
« Qu'on saye èn cobl' ou to solet,
« La né, quand dihors on s'azarde
« Y a tozor on ju que no garde,
« On ju que sêmble on fer rovant ;
« Bin, Rose, y est chò du sarvant !... »

VII.

Pissqu'on est dinse ènverondà,
Mâre, d'ouzeral plus blondâ,
A l'èmbront vé la grand' siza
Avoé Josef de la Moriza,
Comme on fachève du devant...
. . . .
D' vodri vai crevà chò sarvant ! ! !

IV.

Qui est-ce qui allume ces mèches,
Qu'on voit la nuit dans les fossés,
Aussitôt que s'égoutte (s'arrête) la pluie,
Jouer aux quatre coins sous les saules
Ou bien danser sous les osiers ?...
— Rose, ce sera certainement le servant.

V.

Quant la lune dans l'air reluit,
Mère, serait-ce encore lui
Qui dans l'arbre qui a un trou
Rit, quand le hibou ou la chouette
Font l'amour avec le chat-huant ?...
— Oui, Rose, ce sera le servant.

VI.

« A l'écurie, au pré, dans le sentier,
« Qu'on soit en nombre ou tout seul,
« La nuit, quand dehors on se hasarde,
« Il y a toujours un œil qui nous regarde,
« Un œil qui ressemble à un fer rouge ;
« Eh ! bien, Rose, c'est celui du servant !...

VII.

— Puisqu'on est ainsi environné,
Mère, je n'oserai plus coqueter (badiner)
A la brume, vers la grande haie,
Avec Joseph de la Maurise,
Comme nous faisions auparavant...

..
Je voudrais voir crever ce servant ! ! !

La Compléinta du Conscrit.

I.

D'ai beau criâ : Vive la France !
La Républiqu'et la Savoé !
Mâre, tozor de penso avoé
Qu'i faut quettâ ma démorance,
Iora que me valca seudart
U régimènt de lo z'Ussard.

II.

D'èn-ai pe cinq ans de gamella :
Sopa clâra et couenna de lard !
Iora que me valca seudart
I me faut traina la semella
Dièn la vella et la garnison,
Sèn profit pe noutra maison.

III.

Jacque et la Jeanny sont trop zuenno
I n' porront pas vo secori ;
L' pâre devra, pe s'accori,
Prèndre lo bou de l'oncle Tuenno.
Vo z'allâ dèvr' u tier, u quart,
Iora que me valca soudart.

La Complainte du Conscrit

I.

J'ai beau crier : Vive la France !
La République et la Savoie !
Mère, toujours je pense aussi
Qu'il faut quitter ma demeure,
Maintenant que me voilà soldat
Au régiment des hussards.

II.

J'en ai pour cinq ans de gamelle :
Soupe claire et couenne de lard !
A présent que me voilà soldat,
Il me faut traîner la semelle
Dans la ville et la garnison,
Sans profit pour notre maison.

III.

Jacques et la Jeanny sont trop jeunes,
Ils ne pourront pas vous aider ;
Le père devra, pour se mettre au courant,
Prendre les bœufs de l'oncle Antoine.
Vous allez devoir au tiers et au quart,
Maintenant que me voilà soldat.

IV.

Adio Pari, Zouli, Froména,
Adio l'épenat, l'oreliard !
Iora que me vaica seudart
Vo sarè solet à la pêna.
Cinq ans ma dâille et mon ulion,
Dezo la sappa, m'attèndront !

V.

Au lieu de seyé la luizerna
En dégrolliên duè trâi sansons,
Me fodra prèndre de leçons
De ginnastiqu' à la caserna.
L' fozi fâ roulié le bigard,
Iora que me vaica seudart

VI.

Lo samps vadru, la végne blancc,
To sèn và restâ èn somard
Iora que me vaica seudart.
Adio le couarde chu la plance :
On varra flori lo z'orti
Dièn tô lo carrè du corti !

VII.

Fadra copâ le pan pe mince,
I fadra felâ u crueju,
Mâre, pe payé u monchu
A la Saint-André voutre cènse :
Vo sarè tozor èn retard
Iora que me vaica seudart.

IV.

Adieu Pari, Joli, Fromène !
Adieu la herse, la charrue (tourne-oreille) !
A présent que me voilà soldat,
Vous serez seuls à la peine.
Cinq ans ma faulx et mon aiguillon,
Sous le hangar m'attendront !

V.

Au lieu de faucher la luzerne,
En égrenant deux ou trois chansons,
Il me faudra prendre des leçons
De gymnastique à la caserne.
Le fusil fait rouiller la pioche
Maintenant que me voilà soldat.

VI.

Les champs fertiles, la vigne blanche,
Tout cela va demeurer en friche
A présent que me voilà soldat.
Adieu les courges sur' la planche ;
On verra fleurir les orties
Dans tous les carrés du jardin !

VII.

Il faudra couper le pain plus mince,
Il faudra filer à la lampe,
Mère, pour payer au monsieur,
A la Saint-André, votre cense (fermage) :
Vous serez toujours en retard
Maintenant que me voilà soldat.

VIII.

Jacque, que và pe le z'écoule,
M'écrira poué de voutra part
Iora que me valca seudart
Comme sèn mai tié no cèn roule
Et si la Rose de Pallant
Fà l'amour à n'autro galant.

IX.

. . . .
Oh ! quand vindra-t-ou la grand fêta
Yeù Russo, Anglais, Turo, Allemand
Deront èn no baillièn la man :
— Lo rè sont morts, la paix est faita !
Iora qu'on a sácon sa part
Emmandèn vito lo seudart,

VIII.

Jacques qui va dans les écoles
M'écrira puis de votre part,
A présent que me voilà soldat,
Comme, sans moi, chez nous, cela marche
Et si la Rose de Pallant
Fait l'amour avec un autre galant.

IV.

Oh ! quand viendra-t-elle la grande fête
Où Russe, Anglais, Turc, Allemand
Diront en nous tendant la main :
— Les rois sont morts ; la paix est faite !
Maintenant que l'on a chacun sa part,
Renvoyons vite les soldats !

En tornant à Velazo.

T'en souviens-tu ? disait un capitaine.

A JEAN FROMENT.

I.

Adio tambor, sâbro, fozi, giberna ;
Adiô la guerra et to son bataclan ;
D'ai mon congé ; adiô clairon, caserna,
De vai tié no troillé noutron vin blanc !
De vai revai le grand clotté que breille,
Lo grou pommiers que cuvront la clœison,
Et le soluai que rozai noutra treille,
Et le soluai que blançai la maison !

II.

I saron-t-y tô lo viu du velazo,
Le grou Dodon, Colas, noutron vezin ?...
I sara-t-y, deman chu mon passazo,
Joset Porraz qu'est on pou mon cozin ?
Comme avoé leu d'ai bio sovèin botoille
Pe le semaille et pe la fenaison...
U bon soluai que rozai noutra treille,
U bon soluai que blançai la maison !

En retournant au Village.

A Jean Froment.

I.

Adieu tambour, sabre, fusil, giberne ;
Adieu la guerre et tout son attirail ;
J'ai mon congé ; adieu clairon, caserne,
Je vais chez nous presser notre vin blanc !
Je vais revoir le grand clocher qui brille,
Les gros pommiers qui couvrent la cloison
Et le soleil qui rougit notre treille,
Et le soleil qui blanchit la maison !

II.

Y seront-ils tous les vieux du village,
Le vieux Claude, Nicolas notre voisin ?
Y sera-t il, demain sur mon passage,
Joseph Porraz qui est un peu mon cousin ?
Comme avec eux j'ai bu souvent bouteille,
Pour les semailles et pour la fenaison,
Au bon soleil qui rougit notre treille,
Au bon soleil qui blanchit la maison !

III.

Dépoé cinq ans la mâre sara grisa,
L'a tant roulâ... tant fait rònna son tor ;
L'a tant plora, poura vilile Moriza,
Pe son seudart que vaica de retor !..
Semble la vai enfelà son avoueille
Zo le pollté, quand revint la saison,
U bon soluat que rozâi noutra treille,
U bon soluat que blançât la maison !

IV.

Jacque ara-t-y tozor sa têta rionda ?
Il a quinge ans pe la Noyé que vint ;
Et la Jeanny, ma brava tiouta blonda,
Và-t-elle onco conniàitre son parrain ?
En y pensèn to le sang me tremeille !
De vai revâi le vlu pàre u tison,
Et lo soluat que rozâi noutra treille,
Et le soluat que blançât la maison !

V.

Qu'y fara beau racontâ de z'histoère
Avoé le feille en bloyèn le fardan !
D'ai pe chai mai (ein appondient n'a vouére)
Tote le nai à n'en dire on plein van...
Oh ! qu'on vá rire en depliènt la meille ?
Qu'on và santà, quand vindra trolliaison,
Chò bon soluat que rozâi noutra treille,
Chò bon soluat que blançât la maison. ?

III.

Depuis cinq ans... la mère sera grise...
Elle a tant bougé, tant fait ronfler son tour !
Elle a tant pleuré, pauvre vieille Maurise,
Pour son soldat que voilà de retour !...
Il me semble la voir enfiler son aiguille
Sous le treillis, quand revient la saison,
Au bon soleil qui rougit notre treille,
Au bon soleil qui blanchit la maison !

IV.

Jacques aura-t-il toujours sa tête ronde ?
                   (frisée, ébouriffée.)
Il a quinze ans pour la Noël prochaine;
Et la Jeanny, ma jolie petite blonde,
Va-t-elle encore reconnaître son parrain ?
En y pensant tout le sang me bouillonne !
Je vais revoir le vieux père près des chenets
Et le soleil qui rougit notre treille,
Et le soleil qui blanchit la maison !

V.

Qu'il fera beau raconter des histoires
Avec les filles, en tirant le menu chanvre !
J'en ai pour six mois (en ajoutant un peu)
Tous les soirs à en dire un plein van. [maïs !*]
Oh ! que nous allons rire en dépouillant le
Que nous allons chanter, quand viendront
                     [les pressailles,
Ce bon soleil qui rougit notre treille,
Ce bon soleil qui blanchit la maison !

VI.

D'ai vio Paris, Dunkerque et Lille-en-Flandre,
D'ai vio l'Afrique et la mer à Toulon ;
D'ai vio de prince, on beau-fiu d'Alexandre,
De generaux to coverts de galons ;
Mais d'ai rien vio de pe bleau ni marveille,
Pé to semin, pe totte garnison,
Que le soluat que rozàl noutra treille,
Que le soluat que blançàl la maison !

VII.

I sàvon pas, ç'lo que no betton en guerra,
Ré, z'empereurs, laju d'estropia,
Cèn qui là bon reval c'la poura terra !
Et lo z'eutis qu'on a za mania !...
I sàvon pas que le cœur s'èrgargueille
Comme la végne cin plèna floraison,
U bon soluat que rozàl noutra treille,
U bon soluat que blançàl la maison !

VI.

J'ai vu Paris, Dunkerque et Lille-en-[Flandre,
J'ai vu l'Afrique et la mer... à Toulon ;
J'ai vu des princes, un gendre d'Alexandre,
Des généraux tout couverts de galons ;
Mais je n'ai rien vu de plus beau, ni de
[plus merveilleux,
Par tous chemins, dans toutes garnisons,
Que le soleil qui rougit notre treille,
Que le soleil qui blanchit la maison !

VII.

[guerre,
Ils ne savent pas, ceux qui nous mettent en
Rois, empereurs faiseurs d'estropiés,
Ce qu'il fait bon revoir cette pauvre terre !
Et les outils que l'on a déjà maniés !...
Ils ne savent pas que le cœur s'épanouit,
Comme la vigne en pleine floraison,
Au bon soleil qui rougit notre treille,
Au bon soleil qui blanchit la maison !

TABLE

Dédicace.	3
Quand le Pipette revindront.	4
Quand les Primevères reviendront.	5
Fianflournc d'Avri.	8
Fredons d'Avril.	9
Ah! qu'y fâ bon revai la France!	14
Ah! qu'il fait bon revoir la France!	15
A la voûla le Sansons!	18
A la volée les Chansons!	19
Pe Rogachon.	22
Pour Rogations.	23
La Sanson de lo z'écoju.	34
La Chanson des batteurs en grange.	35
La Vôgua de tié no.	38
La Vogue de chez nous.	39
La Vedènze.	46
La Vendange.	47
Lo Gremailli.	52
Los Noilleurs.	53
La Noyé.	56
La Noël.	57
A lo Quinçons de Provence.	60
Aux Pinsons de Provence.	61
La Rima du sarvant.	64
La Rime du servant.	65
La Compleinta du conscrit.	68
La Complainte du conscrit.	69
En tornant à Velazo.	74
En retournant au Village.	75

Contraste insuffisant
NF Z 43-120-14

www.ingramcontent.com/pod-product-compliance
Lightning Source LLC
LaVergne TN
LVHW050615090426
835512LV00008B/1506